Usborne
Mi primer libro de cocina

Angela Wilkes
Ilustraciones: Stephen Cartwright

Redacción: Abigail Wheatley
Diseño: Nelupa Hussain

Traducción: Gemma Alonso de la Sierra

Sumario

Consejos prácticos

Limpia los champiñones con un papel de cocina humedecido.

Antes de empezar a cocinar, repasa siempre estas páginas. Luego lee la receta que vas a preparar y comprueba que tienes todo lo necesario.

Si no entiendes algo, consulta las páginas 70 y 71, donde encontrarás ilustraciones de muchos utensilios de cocina y descripciones de las técnicas culinarias más importantes.

Los ingredientes

Al principio de cada una de las recetas hay una lista con los ingredientes necesarios. Mide los líquidos en una jarra graduada y pesa lo demás en una balanza de cocina. Si hace falta cortar o picar algún ingrediente, hazlo antes de empezar a cocinar.

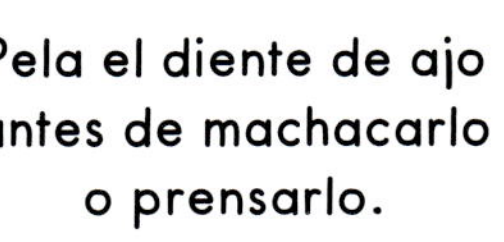

Pela el diente de ajo antes de machacarlo o prensarlo.

Corta las cebollas en tiras o pícalas muy finas.

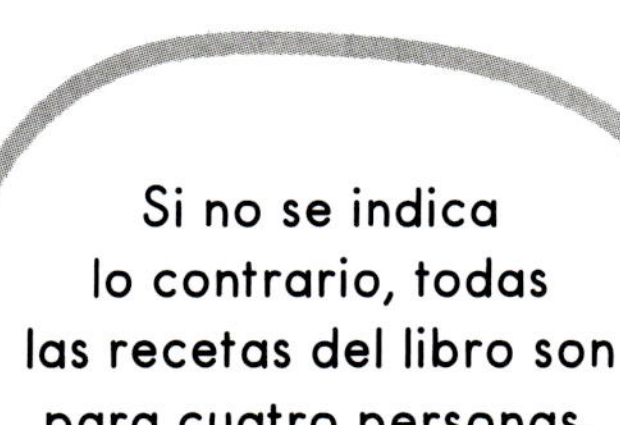

El horno

Pon lo que hornees en la rejilla del medio del horno, a menos que la receta indique lo contrario. Si tienes que cambiar la altura de alguna de las rejillas, hazlo antes de encender el horno. Acuérdate de ponerlo a la temperatura que se indica en la receta algo antes de empezar, para que ya esté caliente cuando vayas a usarlo.

La seguridad en la cocina

¡Ten cuidado!

Usa los cuchillos con mucho cuidado y corta siempre sobre una tabla. Coloca los recipientes calientes encima de un salvamanteles o una tabla de madera.

Cuando pongas un cazo al fuego, deja el mango de forma que no sobresalga para evitar accidentes. No salgas de la cocina mientras tengas encendido algún fogón.

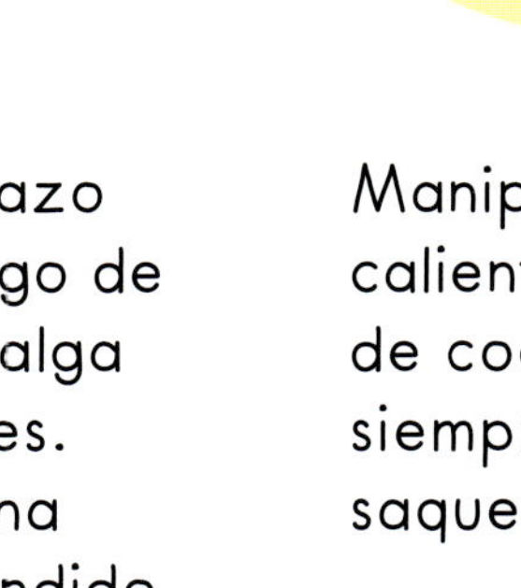

Manipula los recipientes calientes con manoplas de cocina. Póntelas siempre que metas o saques algo del horno.

La puerta del horno

No abras el horno mientras algo se está cocinando, salvo si así lo indica la receta o si crees que lo que hay dentro se está quemando.

La limpieza

Lávate las manos antes de empezar a cocinar y procura no mancharte. Súbete bien las mangas y ponte un delantal. Si se te derrama algo, límpialo sobre la marcha.

Tomates al horno

Ingredientes

- 4 tomates grandes
- 4 huevos medianos
- sal y pimienta
- 1 cucharada
  de perejil picado

Antes de empezar, pon el horno a calentar a 180 °C (160 °C si tiene ventilador).

1 Engrasa una fuente de horno con un poco de aceite. Extiéndelo bien con un trozo de papel de cocina.

2 Corta y reserva la parte de arriba de los tomates. Hará las veces de tapa. Luego, saca la pulpa con una cuchara.

3 Coloca los tomates en la fuente de horno. Pon un huevo en cada tomate y aderézalo con sal, pimienta y una pizca de perejil.

4 Pon una tapa en cada tomate y mete la fuente en el horno. Sácala a los 20 minutos o cuando los huevos estén hechos.

5 Sírvelos de inmediato y acompáñalos con unas rebanadas de pan crujiente y aceite de oliva o mantequilla.

Tostadas de queso fundido

Ingredientes

- 100 g de queso rallado
- 1 cucharadita de mostaza
- 1 huevo mediano, batido
- 3 o 4 gotas de salsa de soja
- sal y pimienta
- 4 rebanadas de pan de molde
- 2 tomates en rodajas

1 Mezcla en un cuenco el queso, la mostaza, el huevo, la salsa de soja, la sal y la pimienta.

2 Pon las rebanadas de pan en el horno y enciende el grill para tostarlas por arriba.

3 Extiende la mezcla de queso y huevo por la cara sin tostar de las rebanadas y pon encima unas rodajas de tomate.

4 Vuelve a colocar las rebanadas de pan bajo el grill del horno para gratinarlas. Sácalas cuando el queso esté fundido.

Crudités con queso

Ingredientes

- 75 ml de nata para cocinar
- 200 g de queso para untar
- 2 cucharadas de perejil picado
- 2 cucharadas de cebollinos picados
- 2 cucharaditas de hierbabuena picada
- 1 diente de ajo machacado
- 1 cucharadita de zumo de limón
- sal y pimienta
- apio, zanahoria y pepino para preparar las crudités

1 Pon la nata y el queso en un cuenco y bátelos con unas varillas hasta que quede una crema firme y sin grumos.

2 Añade todas las hierbas picadas, el ajo, el zumo de limón y una pizca de sal y pimienta. Mezcla los ingredientes bien.

3 Corta las puntas de unas ramitas de apio, pela varias zanahorias y medio pepino. Corta todo en tiras no demasiado finas.

4 Sirve la crema de queso en una fuente y añade las crudités para usarlas a modo de cuchara.

Pan de ajo y hierbas

Ingredientes

- 75 g de mantequilla en punto pomada
- 1 cucharada de perejil picado
- 1 cucharada de cebollinos picados
- 2 dientes de ajo machacados
- 1 barra de pan

Antes de empezar, pon el horno a calentar a 200 °C (180 °C si tiene ventilador).

1 Bate la mantequilla con las dos hierbas y el ajo en un cuenco.

2 Haz varios cortes en la barra de pan, sin rebanarla del todo.

3 Unta de mantequilla de ajo las dos caras de cada corte con la ayuda de un cuchillo.

4 Envuelve el pan en papel de aluminio y mételo en el horno de 10 a 15 minutos.

5 Sirve el pan recién salido del horno. Está riquísimo con una ensalada.

Crema de puerros

Ingredientes

- 350 g de patatas
- 350 g de tomates
- 350 g de puerros
- 2 cucharadas de aceite de oliva o mantequilla
- sal y pimienta
- 725 ml de agua
- 2 cucharaditas de azúcar
- 2 cucharadas de nata para cocinar

1 Pela las patatas con un pelador. Córtalas en rodajas y luego en cubos con un cuchillo afilado.

2 Con una cuchara, mete los tomates en agua recién hervida. Sácalos al minuto con cuidado.

3 Pela los tomates con las manos. Luego córtalos en cubitos con un cuchillo afilado.

4 Corta las hojas y la raíz de los puerros y quítales la primera capa. Córtalos por la mitad, a lo largo, y lávalos debajo del grifo. Sacúdelos para escurrir el agua y córtalos en rodajas finas.

5 Calienta la mantequilla o el aceite en un cazo a fuego lento y añade los puerros. Fríelos sin dejar de remover hasta que se ablanden.

6 Añade los tomates y remueve con una cuchara. Cuando se ablanden, añade las patatas, una pizca de sal y pimienta, el agua y el azúcar. Tapa el cazo y déjalo a fuego lento unos 25 minutos, hasta que las patatas estén bien cocidas.

7 Retira el cazo del fuego y déjalo 10 minutos para que se enfríe. Luego pide ayuda para pasar las verduras por la batidora o un pasapurés.

8 Vierte la crema de nuevo al cazo, pruébala y añade más sal o pimienta en caso de ser necesario. Luego caliéntala a fuego lento.

9 Añade la nata para cocinar, remueve y sirve la crema en cuencos individuales de inmediato.

Tortilla francesa

Ingredientes

- 2 huevos medianos
- sal y pimienta
- 1 cucharada de aceite de oliva
- relleno a elegir entre las sugerencias del recuadro malva

1 Casca los huevos sobre un cuenco, añade una pizca de sal y pimienta y bátelos con un tenedor.

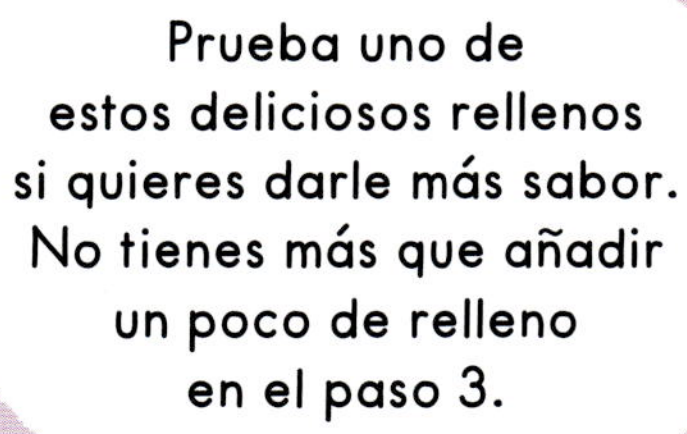

un puñado de queso rallado

un tomate troceado y rehogado en aceite

una cucharada de perejil y cebollinos picados

jamón cocido cortado en taquitos

2 Calienta el aceite en una sartén pequeña a fuego lento y añade los huevos batidos.

3 Cuando la tortilla empiece a cuajar por los bordes, esparce el relleno por encima.

4 Empuja los bordes hacia el centro con una espátula e inclina la sartén para que caiga el huevo líquido.

5 Cuando haya cuajado toda la tortilla, pero aún esté jugosa, despégala de las paredes de la sartén con una pala de pescado o una paleta. Dóblala hacia el centro y pásala a un plato.

6 Sírvela de inmediato, antes de que se enfríe. Acompáñala con algo de pan y una ensalada de lechuga.

Torrijas saladas

Ingredientes

- 4 huevos medianos
- sal y pimienta
- 50 g de mantequilla
- 2 cucharadas de aceite de oliva o girasol
- 4 rebanadas gruesas de pan de molde, sin corteza

1 Casca los huevos sobre un plato hondo, bátelos y luego añade una pizca de sal y pimienta.

2 Calienta la mantequilla y el aceite en una sartén a fuego medio durante un minuto.

3 Baña las rebanadas de pan en el huevo. Al sacarlas, deja escurrir el líquido sobrante.

4 Fríelas por los dos lados hasta que queden doradas y crujientes. Sácalas con una espumadera y sírvelas de inmediato, antes de que se enfríen.

Patatas rellenas al horno

Ingredientes

- 4 patatas grandes, con su piel, pero bien lavadas bajo el grifo
- 50 g de mantequilla
- 75 g de jamón en taquitos (opcional)
- 75 g de queso rallado
- 2 cucharadas de leche
- sal y pimienta
- 1 puñado de perejil picado (opcional)

Antes de empezar, pon el horno a calentar a 200 °C (180 °C si tiene ventilador).

1 Coloca las patatas en una bandeja de horno y pínchalas varias veces con un tenedor. Luego, hornéalas una hora.

2 Atraviesa la patata más grande con un pincho. Si aún no está blanda, deja la bandeja un rato más en el horno.

3 Cuando las patatas estén hechas, déjalas enfriar un poco, córtalas por la mitad y vacíalas en un cuenco.

4 Machaca la patata con un tenedor, añade el resto de los ingredientes y una pizca de sal y pimienta.

5 Rellena las pieles de patata con el puré y mételas en el horno otros 15 minutos. Adórnalas con perejil.

Huevos rellenos

Ingredientes

- 4 huevos medianos
- 2 cucharadas de mayonesa
- sal y pimienta
- 1 puñado de perejil picado (opcional)

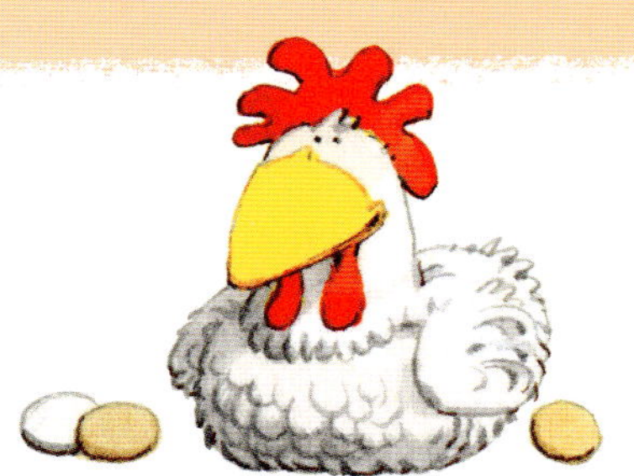

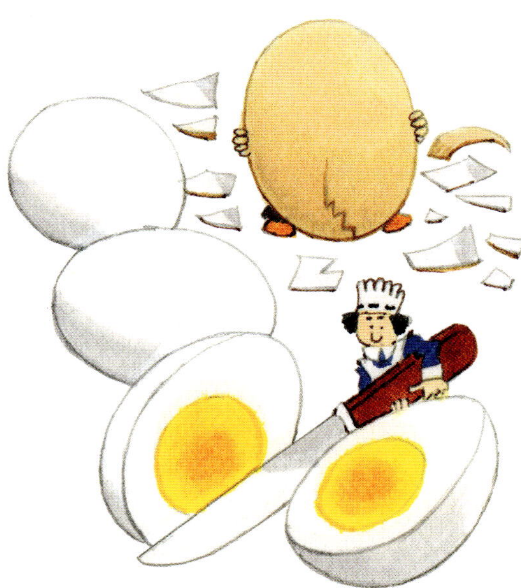

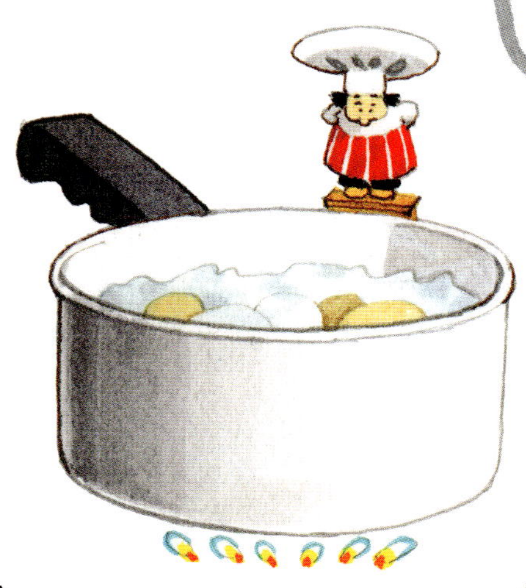

1 Pon los huevos al fuego en un cazo de agua fría. Cuando el agua rompa a hervir, baja el fuego y déjalos cocer 10 minutos.

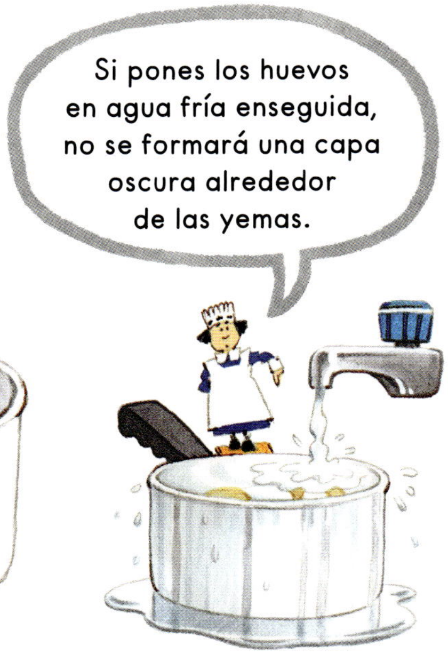

2 Retira el cazo del fuego y ponlo debajo del grifo de agua fría hasta que se enfríen los huevos y los puedas manipular.

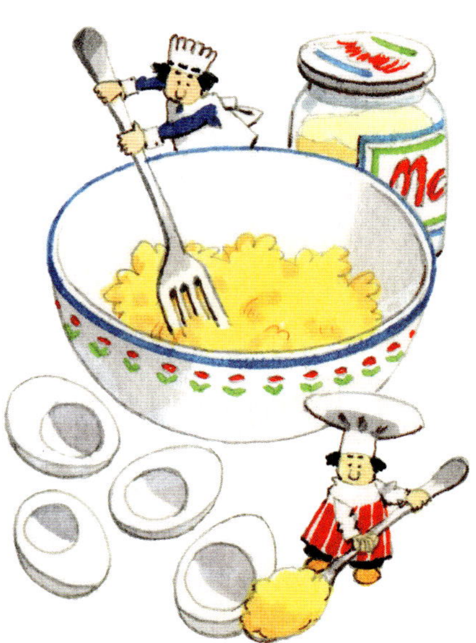

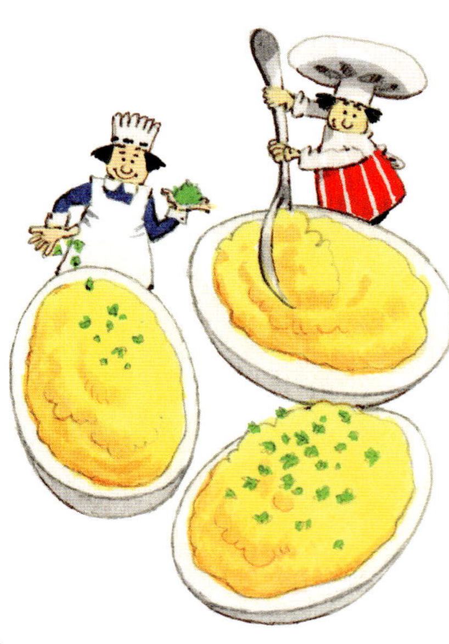

3 Da unos golpecitos a cada huevo en la mesa para romper la cáscara. Pélalos y luego córtalos por la mitad a lo largo.

4 Pasa las yemas a un cuenco y aplástalas con un tenedor. Ahora añade la mayonesa, una pizca de sal y pimienta y mezcla todo.

5 Rellena los huevos duros con la crema de yema y mayonesa y luego adorna cada uno con una pizca de perejil picado.

Rollitos de carne

Ingredientes

Para la masa:

- 50 g de mantequilla
- 100 g de harina
- 2-3 cucharadas de agua fría

Para el relleno:

- 225 g de carne picada (de ternera, cerdo o una mezcla de ambas)
- 1 huevo batido

Antes de empezar, pon el horno a calentar a 220 °C (200 °C si tiene ventilador). Engrasa una bandeja de horno (ver página 71).

1 Haz la masa de la página 26 (pasos 1 y 2). Estírala para formar un rectángulo que tenga 16 cm de ancho. Córtalo en dos tiras.

2 Forma dos "churros" con la carne del mismo largo que las tiras. Pon un "churro" en medio de cada tira.

3 Pinta con el huevo batido los dos bordes de las tiras de masa. Para hacer los rollos, lleva uno de los bordes de cada tira hasta el otro y presiona con firmeza.

4 Corta cada rollo en tres trozos. Haz dos cortes en cada uno y píntalos con huevo batido. Ponlos en una bandeja de horno.

5 Mete los rollos al horno de 20 a 25 minutos, hasta que estén bien dorados. Una vez listos, sírvelos de inmediato.

Pescado rebozado

Ingredientes

- 2 huevos medianos
- sal y pimienta
- 1 cucharada de perejil picado
- 1 cucharada de cebollinos picados
- 4 cucharadas de pan rallado
- ralladura de 1 limón
- 8 filetes de gallo o lenguado
- 2 cucharadas de aceite de oliva

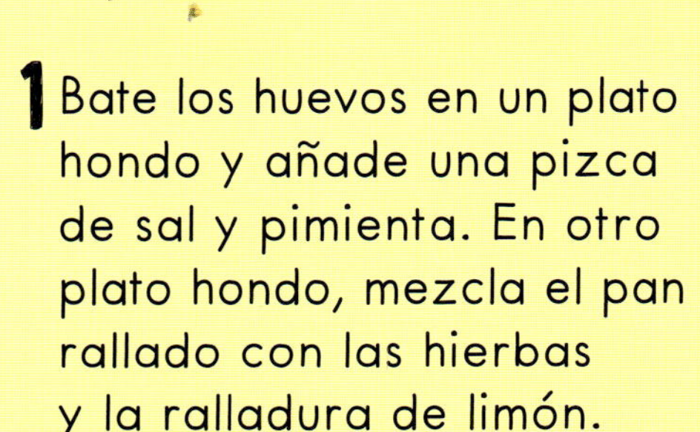

1 Bate los huevos en un plato hondo y añade una pizca de sal y pimienta. En otro plato hondo, mezcla el pan rallado con las hierbas y la ralladura de limón.

2 Seca bien los filetes con papel de cocina. Pásalos primero por el huevo batido y luego por el pan rallado para que queden rebozados por completo.

3 Calienta el aceite en una sartén y fríe los filetes unos tres minutos por cada lado, hasta que se doren.

4 Saca los filetes con una pala de pescado y ponlos sobre papel de cocina para quitar el exceso de aceite.

5 Sirve el pescado con unas rodajas de limón y acompáñalo con patatas al vapor y una ensalada.

Calabacín al horno

Ingredientes

- 900 g de calabacines
- 3 huevos medianos
- 300 ml de nata para cocinar
- sal y pimienta
- una pizca de nuez moscada molida
- 100 g de queso rallado

Antes de empezar, pon el horno a calentar a 200 °C (180 °C si tiene ventilador) y engrasa una fuente de horno (ver página 71).

1 Corta los calabacines en rodajas, cuécelos durante cinco minutos y escúrrelos.

2 Bate los huevos y la nata en un cuenco. Luego añade una pizca de sal, pimienta y nuez moscada.

3 Distribuye las rodajas de calabacín por la fuente. Cúbrelas con la salsa de nata y huevo y esparce el queso por encima.

4 Mete la fuente en el horno durante unos 20 minutos, hasta que cuaje la salsa y se dore el queso.

Hamburguesas caseras

Ingredientes

- 450 g de carne picada de cerdo o ternera
- 1 cebolla picada
- 1 huevo mediano, batido
- sal y pimienta
- 4 bollos de hamburguesa
- 2 cucharadas de aceite de oliva

1 Mezcla el huevo, la carne, la cebolla y una pizca de sal y pimienta. Corta los bollos por la mitad y tuesta la cara interior en el grill.

2 Divide la mezcla de carne en cuatro bolas iguales. Aplástalas con las manos para darles forma de hamburguesa.

3 Extiende una capa de aceite por las hamburguesas y hazlas en el grill del horno de 6 a 10 minutos por cada cara.

4 Pon cada hamburguesa en un bollo. Añádele una loncha de queso, rodajas de tomate y lechuga, si quieres.

Chuletas de cerdo al horno

Ingredientes

- 450 g de cebollas
- 450 g de manzanas ácidas
- 4 chuletas de cerdo
- sal y pimienta
- 25 g de mantequilla, en taquitos

Antes de empezar, pon el horno a calentar a 180 °C (si tiene ventilador, a 160 °C).

1 Pela y corta en tiras las cebollas. Repártelas por una fuente de horno con tapa.

2 Pela y corta en láminas las manzanas y coloca la mitad por encima de las cebollas.

3 Añade encima las chuletas de cerdo. Sazona con sal y pimienta y luego echa el resto de la manzana. Esparce por encima los taquitos de mantequilla.

4 Coloca la tapa y mete la fuente en el horno durante una hora, hasta que las chuletas estén tiernas. Sírvelas con una guarnición de patatas y verduras.

Suflé de queso

Ingredientes

- 4 huevos medianos
- 40 g de mantequilla
- 450 ml de leche
- 40 g de harina
- 100 g de queso rallado
- una pizca de nuez moscada molida
- sal y pimienta

Consejo

El suflé empieza a desinflarse nada más que lo sacas del horno, así que sírvelo en cuanto esté listo.

Saca los huevos del frigorífico media hora antes de empezar. Coloca una de las rejillas del horno a media altura y retira las que queden por encima.

Pon el horno a calentar a 190 °C (170 °C si tiene ventilador) y engrasa un recipiente redondo para horno de 900 ml de capacidad (ver página 71).

1 Uno a uno, casca los huevos contra el borde de un cuenco y pasa la yema de una mitad de la cáscara a la otra con mucho cuidado de no romper la yema.

2 Al hacer esto, la clara se separará de la yema e irá cayendo al cuenco. Echa todas las yemas en otro cuenco. Después, bátelas y resérvalas.

3 Prepara una bechamel según los pasos 1 y 2 de la página 24. Añade el queso, la nuez moscada, las yemas y una pizquita de sal y pimienta. Remueve todo.

4 Bate las claras a punto de nieve (cuando se formen picos al levantar las varillas). Con una cuchara metálica, incorpora las claras a la bechamel poco a poco y sin batir. Si no, el suflé no subirá.

5 Pasa la mezcla al recipiente engrasado, aplánala con una paleta y hornéala de 30 a 35 minutos, hasta que haya subido y esté dorada. No abras el horno mientras se hace. Sirve el suflé con una ensalada.

Patatas con bechamel

Ingredientes

- 40 g de mantequilla
- 40 g de harina
- 450 ml de leche caliente
- sal y pimienta
- 4 cebollas grandes
- 225 g de panceta
- 4 patatas grandes

Antes de empezar, pon el horno a calentar a 180 °C (160 °C si tiene ventilador).

1 Derrite la mantequilla en un cazo a fuego lento. Añade la harina cucharada a cucharada, sin dejar de remover. Cuando la harina empiece a dorarse, incorpora la leche poco a poco removiendo sin parar.

2 No dejes de remover la bechamel para evitar que se formen grumos. Cuando rompa a hervir, baja el fuego y remueve hasta que haya espesado. Añade sal y pimienta y retírala del fuego.

3 Pela las cebollas y pícalas con un cuchillo afilado.

4 Corta las lonchas de panceta en tiras.

5 Pela las patatas y córtalas en rodajas de grosor parecido.

6 Engrasa una fuente de horno y pon una capa de patata, otra de cebolla y otra de panceta. Añade una pizca de sal y pimienta en cada capa y termina con una de patatas.

7 Vierte la bechamel y pon la fuente en la rejilla del centro del horno una hora y diez minutos. Pásala luego a una rejilla más alta y déjala otros 20 minutos para que se doren las patatas por encima.

Quiche de panceta

Antes de empezar, pon el horno a calentar a 200 °C (180 °C si tiene ventilador) y engrasa un molde de tarta de 20 cm de diámetro.

1 Trocea la mantequilla con un cuchillo y ponla en un cuenco con la harina y la sal. Mezcla todo con los dedos hasta que parezca pan rallado.

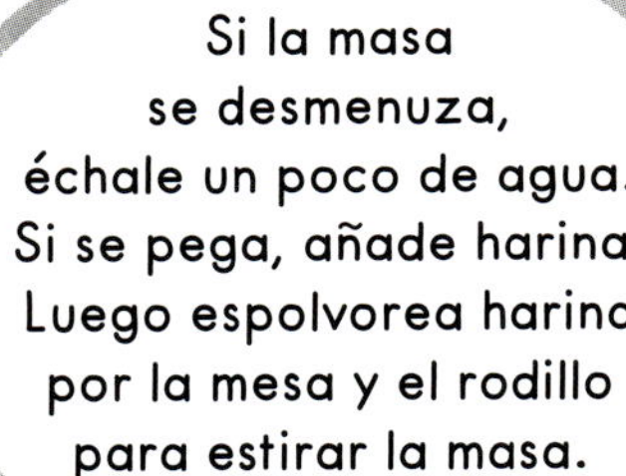

2 Ahora incorpora el agua fría a la mezcla. Amasa todo con las manos hasta obtener una bola de masa blanda.

3 Estira la masa y dale forma redondeada. Pásala al molde, ajústala a él con los dedos y corta lo que sobresalga. Pincha el fondo.

4 Corta la panceta en trocitos y fríelos a fuego lento hasta que queden crujientes.

5 Bate los huevos y la nata en un cuenco y añádeles pimienta y nuez moscada.

6 Reparte la panceta por la masa y vierte el huevo con nata por encima.

7 Mete la quiche en el horno 30 minutos, hasta que esté cuajada por el centro y dorada por encima. Sírvela fría o caliente con una ensalada.

Espaguetis a la boloñesa

Ingredientes

- 1 diente de ajo
- 2 cebollas
- 75 g de panceta
- 1 cucharada de aceite de oliva
- 450 g de ternera picada
- 225 g de tomate en lata (entero o triturado)
- 1 cucharada de tomate concentrado (opcional)
- una pizca de albahaca
- sal y pimienta
- 500 g de espaguetis

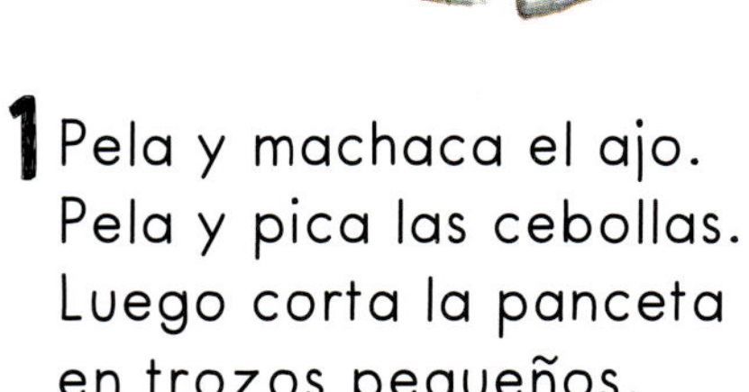

1 Pela y machaca el ajo. Pela y pica las cebollas. Luego corta la panceta en trozos pequeños.

2 Calienta el aceite en una sartén grande a fuego lento. Fríe el ajo y la cebolla hasta que se pongan transparentes. Añade la panceta y luego la carne picada. Desmenuza la carne con una cuchara y remueve hasta que se dore.

3 Añade el tomate, la albahaca y una pizca de sal y pimienta. Remueve todo, tapa la sartén y deja que se haga a fuego lento unos 20 minutos.

4 Mientras se hace la salsa, pon una olla grande de agua a calentar. Añade una pizca de sal y una cucharada de aceite.

5 Cuando rompa a hervir, añade los espaguetis sumergiéndolos poco a poco a medida que se ablandan por abajo.

6 Cuécelos de 8 a 10 minutos o según indique el paquete. Escurre la pasta en un colador encima del fregadero.

7 Pasa los espaguetis a una fuente y añade la salsa por encima. Mezcla todo bien.

8 Sirve la pasta y, si quieres, échale un poco de queso rallado. Acompáñala con una ensalada de lechuga.

Arroz blanco

Ingredientes

- 1 cucharada de aceite de oliva
- 225 g de arroz de grano largo
- 600 ml de agua recién hervida
- una pizca de sal

El arroz puede ser complicado de preparar, pero si sigues esta receta te saldrá perfecto: bien cocido y con los granos sueltos.

1 Primero calienta el aceite en un cazo a fuego lento. Añade el arroz, remueve y espera a que se ponga transparente.

2 Añade el agua recién hervida y la sal. Tapa el cazo y déjalo a fuego lento unos 15 minutos. No remuevas el arroz.

3 Retira la tapa con cuidado de no quemarte. El arroz debería haber absorbido toda el agua. Si no es así, déjalo otro rato al fuego.

4 Prueba unos granos para ver si el arroz está hecho. Si sigue duro, añade otro poco de agua y déjalo más tiempo al fuego.

5 Cuando el arroz esté en su punto, separa los granos con un par de tenedores y sírvelo en una fuente.

Salteado de verduras

Ingredientes

- 4 tomates
- 100 g de champiñones
- 2 cebollas
- 1 pimiento rojo
- 6 lonchas de panceta
- 2 cucharadas de aceite de oliva
- 100 g de guisantes
- 2 cucharadas de tomate concentrado (opcional)
- 225 g de arroz blanco (ver página anterior)

1 Trocea los tomates. Limpia los champiñones con papel de cocina y córtalos en rodajas. Pela y pica las cebollas.

2 Corta ambos extremos del pimiento. Córtalo por la mitad, quítale las semillas y luego córtalo en tiras. Trocea la panceta.

3 Pon en una cazuela el aceite, la cebolla y la panceta y fríe todo a fuego lento. Cuando la cebolla esté transparente, añade las otras verduras, mezcla bien y tapa la cazuela. Cocina todo unos 20 minutos removiendo de vez en cuando.

4 Añade el arroz blanco al salteado y calienta todo a fuego medio antes de servirlo.

Pollo agridulce

Ingredientes

- 1 cucharada de mantequilla
- 4 cucharadas de miel
- 4 pechugas de pollo sin piel ni huesos
- el zumo de una naranja
- el zumo de medio limón
- 1 cucharada de salsa de soja
- sal y pimienta

Antes de empezar, pon el horno a calentar a 150 °C (130 °C si tiene ventilador) y engrasa bien una fuente de horno con mantequilla.

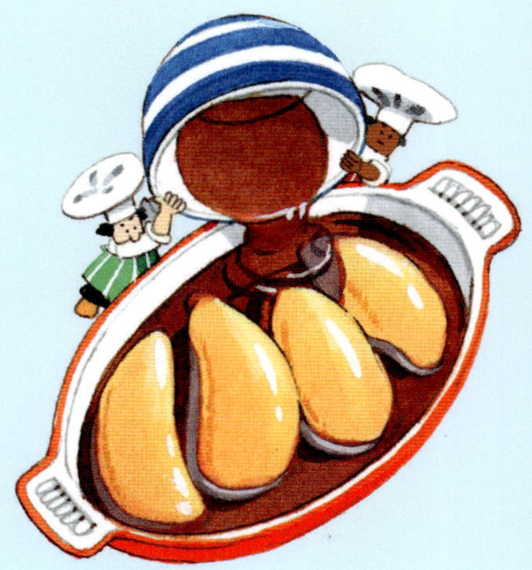

1 Embadurna cada una de las pechugas con una cucharada de miel y coloca las cuatro en la fuente de horno. Lávate bien las manos.

2 Mezcla los zumos de naranja y limón con la salsa de soja. Añade una pizca de sal y pimienta y vierte la mezcla por el pollo.

5 Pon una pechuga en cada plato y échale la salsa por encima con una cuchara.

3 Tapa la fuente con papel de aluminio y métela en el horno unos 40 minutos. Sácala luego con cuidado.

4 Pincha el pollo para ver si está hecho. Si el jugo que sale es rosado, hornea el pollo un rato más.

Brochetas de cordero

Ingredientes

Para el adobo:

- el zumo de un limón
- 6 cucharadas de aceite de oliva
- una pizca de hierbas provenzales
- sal y pimienta

Para las brochetas:

- 450 g de cordero
- 8 champiñones
- 1 cebolla grande
- 4 tomates

Necesitas 4 brochetas.

1 Pon el aceite, la sal, la pimienta, las hierbas y el zumo en un cuenco. Remueve bien y añade el cordero a la mezcla.

2 Limpia los champiñones. Pela y corta en cuatro la cebolla y sepárala en capas. Corta los tomates también en cuartos.

3 Saca la carne del adobo y ensártala en las brochetas, intercalándola con las verduras. Ten cuidado de no pincharte.

4 Ponte los guantes de horno para meter las brochetas debajo del grill. Dales la vuelta de vez en cuando y sácalas al cabo de 10 a 15 minutos, cuando la carne esté dorada pero siga jugosa por dentro. Acompáñalas con arroz blanco (ver página 30) y una ensalada.

Pizza de tomate y queso

Ingredientes

Para la masa:

- 100 ml de agua tibia
- media cucharadita de azúcar
- 1 cucharadita de levadura de panadería
- 225 g de harina
- una pizca de sal

Para la salsa:

- 5 cucharadas de tomate triturado
- 1 diente de ajo machacado
- 3 cucharadas de aceite de oliva
- 1 cucharadita de orégano

Para poner encima:

- 100 g de queso rallado

Antes de empezar, pon el horno a calentar a 230 °C (210 °C si tiene ventilador) y engrasa con mantequilla dos moldes de pizza o bandejas de horno.

1 Tamiza la harina y la sal sobre un cuenco, añade la levadura y mezcla. Luego añade suficiente agua para formar una bola de masa que esté blanda, pero que no se pegue.

2 Espolvorea harina sobre una mesa y pon la bola de masa encima. Amásala unos cinco minutos (ver página 71), hasta que quede lisa y se pueda estirar. Luego pásala a un cuenco engrasado.

3 Tapa bien el cuenco con un paño limpio y déjalo una hora en algún lugar cálido, para que fermente.

4 Cuando la masa haya duplicado su tamaño, sácala y amásala otros cinco minutos.

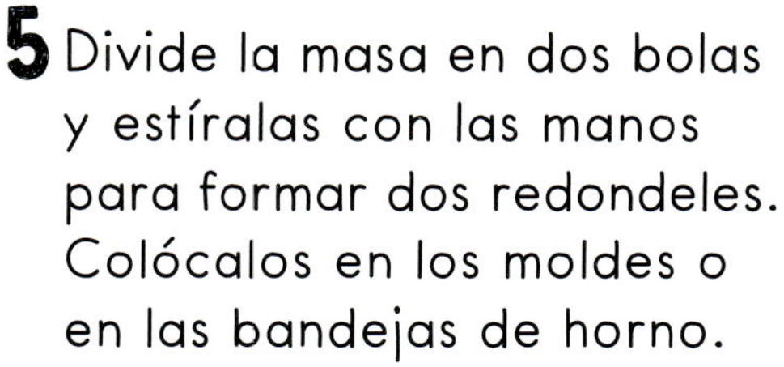

5 Divide la masa en dos bolas y estíralas con las manos para formar dos redondeles. Colócalos en los moldes o en las bandejas de horno.

6 Ahora prepara la salsa. Pon el tomate, el aceite, el ajo y el orégano en un cuenco y mezcla todo bien con una cuchara.

7 Extiende la salsa por la superficie de las dos pizzas evitando los bordes. Esparce el queso por encima.

8 Mete las pizzas en el horno de 20 a 25 minutos, hasta que las cortezas se doren y queden crujientes.

9 Sácalas y sírvelas de inmediato. Varía el sabor de las pizzas añadiendo otros ingredientes, como champiñones, pimientos, aceitunas, chorizo o jamón en el paso 7.

Ensalada de verano

Ingredientes

- media lechuga
- 4 rodajas gruesas de pepino
- 2 tomates
- 2 ramitas de apio
- 2 zanahorias
- 1 manzana

Aliño con mostaza

- 3 cucharadas de aceite de oliva
- 1 cucharada de vinagre
- media cucharadita de mostaza
- una pizca de sal y pimienta

Pon los ingredientes en un tarro de cristal, cierra bien la tapa y agítalo.

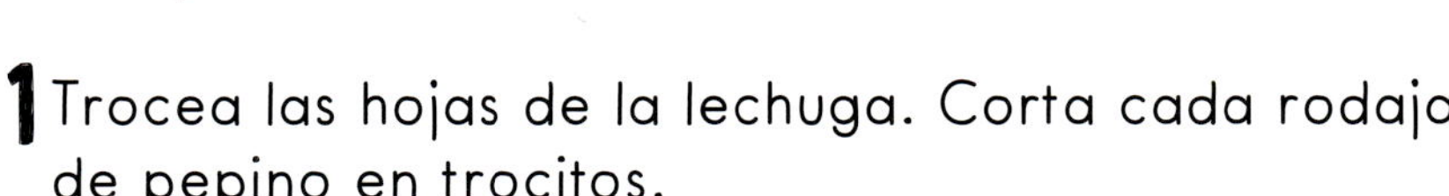

1 Trocea las hojas de la lechuga. Corta cada rodaja de pepino en trocitos.

2 Corta los tomates y el apio en trocitos. Pela las zanahorias, quita el corazón de la manzana y trocea todo.

3 Mezcla todos los ingredientes en una ensaladera. Añade el aliño justo antes de servir la ensalada.

Patatas aliñadas

Ingredientes

- 450 g de patatas nuevas de guarnición (como tienen la piel muy fina, no hace falta pelarlas)
- 3 cebolletas
- 4 cucharadas de aliño (ver página 36)
- 1 cucharada de perejil, cebollinos o hierbabuena picados

1 Cuece las patatas en una cacerola con agua unos 20 minutos, hasta que estén tiernas.

2 Escúrrelas con la ayuda de un colador.

3 Corta los extremos de las cebolletas y pícalas muy finas.

4 Cuando las patatas se enfríen lo suficiente, corta cada una en dos o cuatro trozos con un cuchillo.

5 Pon las patatas y las cebolletas en una fuente, alíñalas y mezcla todo. Antes de servirlas, añade una cucharada de perejil, cebollinos o hierbabuena por encima.

Crujiente de manzana

Antes de empezar, pon el horno a calentar a 200 °C (180 °C si tiene ventilador).

1 Pela las manzanas con la ayuda de un pelador y córtalas en cuatro.

2 Quítales el corazón y córtalas en trozos más pequeños.

3 Cocina las manzanas, el azúcar moreno, el zumo y la canela en una cazuela a fuego lento hasta que se ablande la fruta.

4 Pasa esta compota de manzana a una fuente de horno mediana y espárcela por el fondo.

5 Ahora tamiza la harina en un cuenco grande. Trocea la mantequilla fría y añádela al cuenco.

6 Mezcla la mantequilla y la harina con los dedos, alzando las manos para que los trozos caigan al cuenco, hasta obtener la consistencia del pan rallado. Añade el azúcar y mezcla de nuevo.

7 Cubre toda la compota de manzana con la mezcla de harina, mantequilla y azúcar. Repártela bien, sin aplastar.

8 Hornea la mezcla de 25 a 30 minutos, hasta que se dore. Sirve el crujiente con nata líquida, helado o natillas.

Macedonia de frutas

Ingredientes

- 1 naranja
- 1 pera
- 2 plátanos
- 2 melocotones
- 225 g de fresas
- 100 g de frambuesas
- 1 cucharada de azúcar

1 Exprime la naranja con un exprimidor y pasa el zumo a un cuenco grande.

2 Pela la pera y quítale el corazón. Córtala en rodajas y añádela al cuenco. Pela los plátanos, córtalos en rodajas y añádelos también. Remueve un poco para bañar la fruta con el zumo y que no se ponga fea.

3 Corta los melocotones por la mitad y quítales el hueso con la ayuda de una cucharilla.

4 Pela los melocotones y córtalos en rodajas. Lava las fresas y las frambuesas y sécalas con papel de cocina. Corta los rabillos de las fresas y trocea las más grandes. Añade los melocotones, las fresas y las frambuesas al cuenco.

5 Esparce el azúcar blanco por encima de la fruta y remueve todo con cuidado para no machacarla. Sirve la macedonia bien fría como postre o de merienda.

Podrías incorporar también algunas de estas frutas a la macedonia: albaricoques, manzanas, uvas, naranjas, piña, ciruelas o cerezas.

Naranjas con azúcar

Ingredientes

- 6 naranjas
- 1 limón
- 2 cucharadas de azúcar
- una pizca de hierbabuena picada (opcional)

1 Pela cuatro naranjas con mucho cuidado y quítales la piel blanca. Córtalas en rodajas y quítales las pepitas.

2 Ralla la cáscara del limón y resérvala. Exprime medio limón y luego añade el zumo a la ralladura.

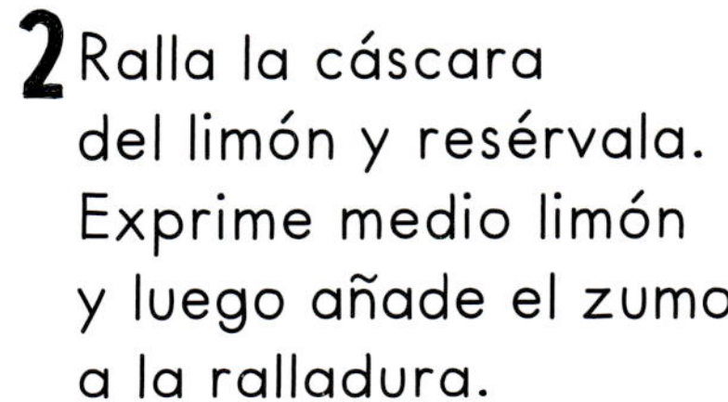

3 Pon las rodajas de naranja y el azúcar en un cuenco grande. Luego exprime las dos naranjas que te quedan. Añade al cuenco el zumo de naranja y el zumo de limón con la ralladura. Mezcla todo con delicadeza.

Tarta de pera

Ingredientes

- 100 g de mantequilla
- 3 huevos medianos
- 100 g de azúcar blanco
- 100 g de harina
- unas gotas de aroma de vainilla
- 5 peras maduras

Antes de empezar, pon el horno a calentar a 180 °C (160 °C si tiene ventilador) y engrasa un molde de tarta de 20 cm de diámetro.

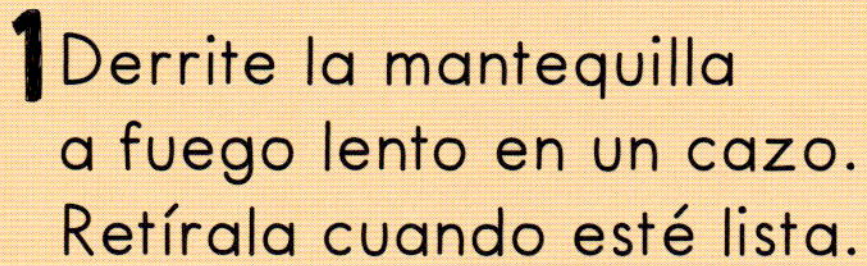

1 Derrite la mantequilla a fuego lento en un cazo. Retírala cuando esté lista.

2 Bate los huevos con el azúcar en un cuenco. Añade la mantequilla y la vainilla y remueve. Añade la harina poco a poco y sigue removiendo.

3 Pela y corta las peras en cuartos. Quita el corazón de cada trozo con mucho cuidado de no cortarte.

4 Extiende una capa fina de la masa por el molde. Coloca encima las peras y añade el resto de la masa.

5 Hornea la tarta durante unos 45 minutos, hasta que cuaje y se haya dorado por encima.

Tarta de queso

Ingredientes

- 175 g de galletas de la variedad Digestive
- 75 g de mantequilla
- 1 limón
- 225 g de queso para untar
- 170 g de leche evaporada
- 1 cucharada de azúcar blanco
- virutas de chocolate o ralladura gruesa de limón (de adorno)

Antes que nada, engrasa un molde de tarta de 20 cm de diámetro.

1 Mete las galletas en una bolsa de plástico y pasa por encima un rodillo para triturarlas.

2 Derrite la mantequilla en un cazo a fuego lento, añade las galletas trituradas y mezcla todo.

3 Ayudándote con una espátula, forra todo el molde con esta pasta de galleta y mételo en la nevera.

4 Ralla la piel del limón con la cara de agujeros pequeños de un rallador. Después, corta el limón por la mitad y exprímelo.

5 En un cuenco grande, bate el queso para untar
con una cuchara de madera. Luego añade poco
a poco la leche evaporada, sin dejar de remover,
hasta que quede una mezcla cremosa.

6 Añade el azúcar, el zumo
y la ralladura de limón
al cuenco y mezcla todo.

7 Pasa la crema del cuenco
al molde de galleta y alisa
la superficie con una paleta.

8 Mete la tarta en el frigorífico un mínimo de tres horas.
Estará lista cuando cuaje por el centro. Decórala
con virutas de chocolate o ralladura de limón.

Tortitas para el desayuno

1 Tamiza la harina con un colador encima de un cuenco grande. Ahora haz un hoyo en el centro de la harina.

2 Echa los dos huevos en el hoyo y mezcla todo con unas varillas, sin dejar de despegar la harina de las paredes del cuenco.

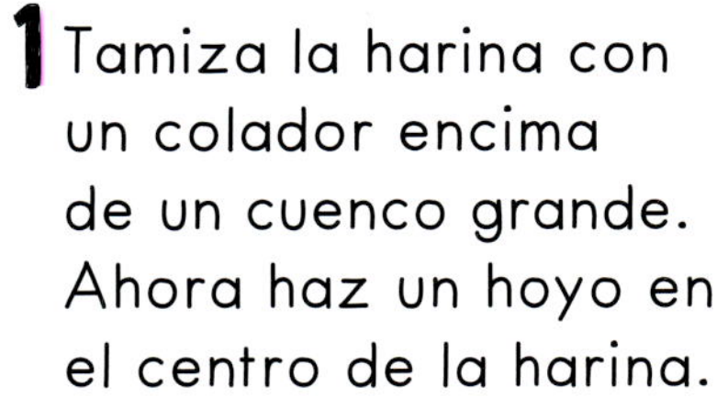

3 Añade la mezcla de leche y agua poco a poco, sin dejar de batir con las varillas, hasta que hayan desaparecido todos los grumos.

4 Añade la mantequilla y bate la masa de nuevo hasta que haya espesado y no se despegue con facilidad de una cuchara.

5 Calienta una cucharada de aceite en una sartén mediana a fuego lento. Cuando empiece a humear, echa media taza de masa.

6 Inclina la sartén de un lado a otro para que la masa se extienda por toda la superficie.

7 Cuando se empiecen a dorar los bordes y se formen burbujitas en la superficie, da la vuelta a la tortita.

8 Cuando la tortita se haga por la otra cara, pásala a un plato, añade zumo de limón y azúcar y enróllala. Fríe otra tortita.

9 Sirve las tortitas de inmediato, antes de que se enfríen. En vez de zumo de limón y azúcar, puedes ponerles mermelada o crema de cacao.

Profiteroles

Ingredientes

Para los pastelillos:

· 50 g de mantequilla

· 150 ml de agua

· 65 g de harina

· 2 huevos medianos, batidos

Para el relleno:

· 150 ml de nata para montar

Para la cobertura:

· 125 g de chocolate negro

· 2 cucharadas de agua

Antes de empezar, pon el horno a calentar a 200 °C (180 °C si tiene ventilador). Engrasa una bandeja de horno grande con mantequilla y humedécela debajo del grifo.

1 Dobla un pliego de papel de horno por la mitad y ábrelo de nuevo. Tamiza la harina encima.

2 Trocea la mantequilla y caliéntala con el agua dentro de una cacerola a fuego lento.

3 Cuando rompa a hervir, retira la cacerola del fuego. Dobla el papel y agrega la harina.

4 Bate la masa hasta que se forme una bola y desaparezcan todos los grumos. Deja que enfríe cinco minutos.

5 Añade un poco de huevo y bate fuerte. Añade el resto del huevo poco a poco, sin dejar de batir.

6 Pon cucharaditas de la masa por la bandeja y métela en el horno. A los 10 minutos, sube la temperatura del horno a 220 °C (200 °C si tiene ventilador). Deja los pastelillos 15 minutos más o hasta que se doren.

7 Pasa todos los pastelillos a una rejilla para que se enfríen y luego hazles un agujero por un lado. Esto dejará que les salga el vapor de dentro.

8 Monta la nata hasta que se formen picos al alzar las varillas. Rellena cada pastelillo con una buena cucharada de la nata que acabas de montar.

9 Para preparar la cobertura, pon el chocolate y el agua en un cuenco resistente al calor y derrite el chocolate al baño maría sobre un cazo con agua.

10 Haz una montaña de profiteroles en un plato y báñalos con el chocolate derretido. Sírvelos de inmediato, antes de que se enfríe el chocolate.

Tartaletas de fresa

Ingredientes

- 175 g de harina
- 85 g de mantequilla
- 85 g de azúcar blanco
- una pizca de sal
- 3 yemas de huevo, batidas
- 450 g de fresas
- 175 g de mermelada de frambuesa

Antes de empezar, pon el horno a calentar a 200 °C (180 °C si tiene ventilador).

1 Tamiza la harina encima de un cuenco. Añade la mantequilla, el azúcar y la sal y mezcla todo con los dedos (ver página 39).

2 Añade las tres yemas e incorpóralas. Amasa la mezcla con las manos hasta formar una bola elástica de masa.

3 Estira la masa hasta que quede bien fina. Corta cuatro círculos con un cortapastas y ponlos en cuatro moldes pequeños.

4 Pincha la masa de cada molde con un tenedor y luego tápala con círculos de papel de horno. Pon encima arroz o judías para que no se hinche.

5 Mete los moldes en el horno. Pasados 15 minutos, retírales el papel cubierto de arroz y hornéalos cinco minutos más. Pasa las tartaletas a una rejilla para que se enfríen.

6 Lava las fresas y quítales los rabillos. Corta las más grandes por la mitad.

7 Calienta la mermelada en un cazo a fuego lento hasta que se vuelva líquida.

8 Cuando las tartaletas se hayan enfriado del todo, extiende una capa gruesa de la mermelada por dentro de la base. Coloca las fresas encima y píntalas con más mermelada. Espera a que se enfríen.

Otros sabores

Rellena las tartaletas con otra fruta, como arándanos, uvas, albaricoques o frambuesas.

Copas de helado y sirope

Sirope de chocolate

- 100 g de chocolate negro en onzas
- 3 cucharadas de agua

1 Rompe la tableta de chocolate en trocitos y ponlos, con el agua, en un cuenco que sea resistente al calor.

2 Coloca el cuenco sobre un cazo de agua recién hervida y remueve bien hasta que el chocolate se derrita por completo.

Sirope de frambuesa

- 225 g de frambuesas
- 2 cucharadas de azúcar blanco

1 Lava las frambuesas y pásalas por un colador mientras las aplastas.

2 Añade una cucharada de azúcar y remueve. Añade otra y remueve.

Sirope de caramelo

- 25 g de mantequilla
- 75 g de azúcar moreno
- 2 cucharadas de miel o sirope de arce
- 4 cucharadas de nata para cocinar

1 Derrite la mantequilla, el azúcar y la miel en un cazo a fuego lento, sin que rompa a hervir.

2 Añade la nata y remueve. Sirve el sirope caliente o frío.

Muesli

Ingredientes

- 100 g de copos de avena
- 2 cucharadas de coco deshidratado en lascas
- 50 g de uvas pasas
- 50 g de frutos secos* de cáscara triturados

Para servir:

- 2 manzanas
- 2 yogures naturales
- leche
- miel o azúcar moreno

Prepara esta receta de muesli en grandes cantidades y guárdalo en un tarro para añadir los demás ingredientes justo antes de servirlo.

1 Mezcla los copos de avena, las lascas de coco, las pasas y los frutos secos en un cuenco grande. Pela las manzanas, quítales el corazón y rállalas. Añádelas al muesli, junto con los dos yogures.

2 Baña el muesli con leche y añade un poco de miel o azúcar moreno.

3 Podrías añadir más fruta, como plátano, melocotón o fresas.

* No añadas frutos secos si lo va a consumir alguien con alergia a estos alimentos.

Crema de plátano y miel

Ingredientes

- 150 ml de nata para montar o cocinar
- 4 plátanos maduros
- 225 g de yogur natural
- 2 cucharadas de miel
- 1 cucharada de zumo de limón
- 1 puñado de almendras* laminadas

1 Bate la nata en un cuenco con unas varillas hasta que se formen picos al levantarlas.

2 Pela los plátanos y luego aplástalos en otro cuenco con un tenedor.

3 Añade al plátano el yogur, la miel y el zumo de limón y mezcla todo.

4 Incorpora poco a poco la nata al plátano. Sirve la crema en copas.

* No añadas almendras si la va a consumir alguien con alergia a los frutos secos.

Barritas energéticas

Ingredientes

- 100 g de mantequilla
- 50 g de azúcar moreno
- 1 cucharada de miel o sirope de arce
- 225 g de copos de avena
- 75 g de uvas pasas

Antes de empezar, pon el horno a calentar a 180 °C (160 °C si tiene ventilador). Engrasa con mantequilla un molde de horno de 18 x 28 cm aproximadamente.

1 Pon la mantequilla, la miel y el azúcar en un cazo a fuego lento y remueve hasta que todo se haya derretido y mezclado.

2 Retira el cazo del fuego. Ahora añade los copos de avena, las pasas y mezcla todo bien.

3 Vierte la masa en el molde y compáctala. Después, hornéala 20 minutos.

4 Saca el molde del horno y corta el bloque de avena en barritas. Cuando se enfríen, sácalas y guárdalas en un recipiente hermético.

Brownies de chocolate

Ingredientes

- 100 g de chocolate negro en onzas
- 100 g de mantequilla
- 225 g de azúcar blanco
- 2 huevos medianos, batidos
- 100 g de harina
- ½ cucharadita de levadura en polvo
- 125 g de nueces* troceadas

Antes de empezar, pon el horno a calentar a 180 °C (160 °C si tiene ventilador). Engrasa con mantequilla un molde de horno de 18 x 28 cm aproximadamente.

1 Pon el chocolate y la mantequilla en un cuenco resistente al calor y derrítelos al baño maría.

2 Una vez derretidos, saca el cuenco del cazo con agua y añade uno a uno el resto de los ingredientes. Mezcla todo.

3 Vierte la masa en el molde y extiéndela bien. Después, hornéala 30 minutos.

4 Saca el molde del horno y espera 10 minutos antes de cortar los brownies y pasarlos a una rejilla para que se enfríen. Guárdalos en un recipiente hermético.

* No añadas nueces si los va a consumir alguien con alergia a los frutos secos.

Bizcocho de naranja

Ingredientes

- 75 g de mantequilla o margarina
- 150 g de miel o sirope de arce
- 225 g de harina bizcochona
- 2 cucharaditas de jengibre en polvo
- 1 cucharadita de canela en polvo
- una pizca de sal
- 225 g de mermelada de naranja
- 1 huevo mediano, batido
- 1 cucharada de agua caliente

Antes de empezar, engrasa un molde de 18 x 18 cm y fórralo con papel de horno.

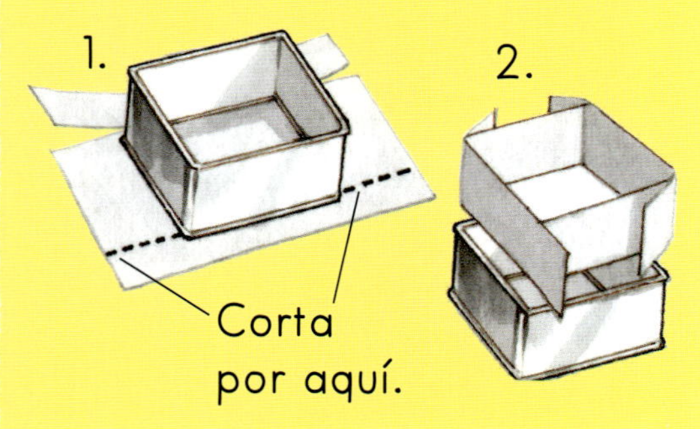

Antes de empezar, pon el horno a calentar a 170 °C (150 °C si tiene ventilador).

1 Trocea la mantequilla y ponla con la miel en un cazo a fuego lento. Cuando se haya derretido, apaga el fogón.

2 Tamiza la harina, el jengibre, la canela y la sal dentro de un cuenco y forma un hoyo en el centro.

3 Echa poco a poco la mantequilla con miel en el hoyo mientras remueves la harina. Añade la mermelada, el huevo y el agua y mezcla todo.

4 Si la mezcla no ha quedado lo bastante líquida como para que resbale por la cuchara, añade un poco más de agua.

5 Pasa la mezcla al molde. Alísala por arriba con la ayuda de un cuchillo.

6 Hornea la mezcla y sácala al cabo de una hora.

7 El bizcocho debe quedar esponjoso al tacto por el centro. Si metes un pincho y sale limpio, es que el bizcocho está hecho. De no ser así, mételo 10 minutos más al horno y vuelve a pincharlo.

8 Deja el bizcocho en el molde unos 15 minutos y luego ponlo a enfriar sobre una rejilla.

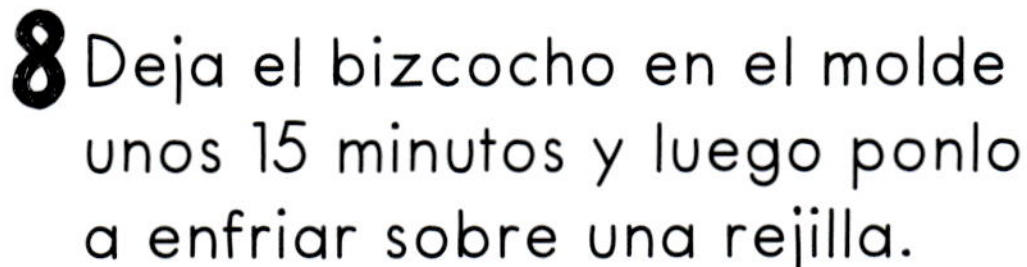

Tabletas de dulce de leche

Ingredientes

- 450 g de azúcar moreno
- 50 g de mantequilla o margarina
- 300 ml de leche
- unas gotas de esencia de vainilla

Antes de empezar, engrasa con mantequilla un molde de horno de 15 x 15 cm.

1 Calienta el azúcar, la leche y la mantequilla hasta que se hayan derretido. Remueve hasta que rompan a hervir y deja que hiervan 30 minutos sin parar de remover.

2 Echa una cucharadita de la mezcla dentro de un cuenco de agua fría. Si no se forma una bolita, continúa hirviendo la mezcla.

3 Retira el cazo del fuego. Añade la vainilla y bate la mezcla hasta que espese. Viértela ahora en el molde.

4 Espera a que cuaje el dulce de leche. Luego córtalo en cuadrados con un cuchillo.

Merengues

Ingredientes

- 4 claras de huevo
  (sigue los pasos 1 y 2
  de la página 23 para
  separar las claras de
  las yemas. Si quieres,
  conserva las yemas para
  preparar las tartaletas
  de fresa que se describen
  en las páginas 50-51).

- 225 g de azúcar blanco

Antes de empezar, pon el horno a calentar a 110 °C (100 °C si tiene ventilador). Forra dos bandejas de horno con papel de horno.

1 Bate las claras a punto de nieve (hasta que se formen picos al alzar las varillas). Añade la mitad del azúcar poco a poco e incorpóralo.

2 Añade la otra mitad del azúcar y remueve todo muy suavemente utilizando una cuchara que sea metálica.

3 Haz varios montoncitos de merengue en las bandejas, dejando un hueco de 3 cm entre unos y otros.

4 Hornéalos 40 minutos. Luego apaga el horno y déjalos enfriar dentro de él 15 minutos.

5 Sirve los merengues solos o por pares, con nata montada en el centro.

Bizcocho de frutas pasas

Antes de empezar, pon el horno a calentar a 140 °C (120 °C si tiene ventilador). Engrasa con mantequilla un molde redondo de 20 cm de diámetro.

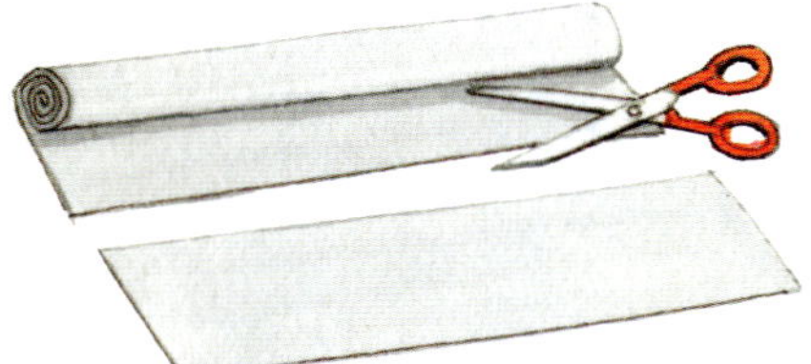

1 Corta una tira de papel de horno lo bastante larga como para forrar las paredes del molde.

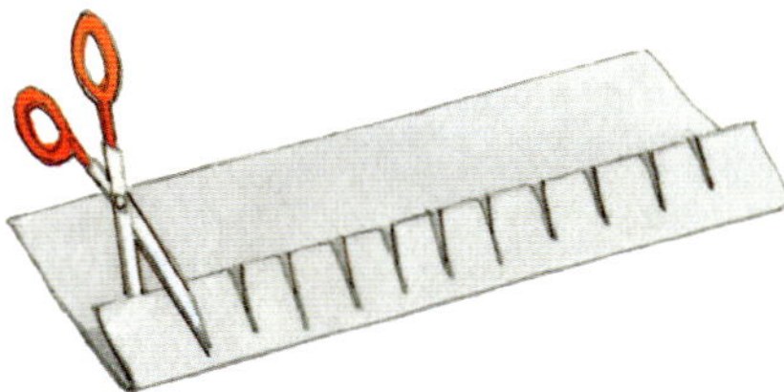

2 Dobla la tira por un lado creando una pestaña de unos 2 cm de ancho y hazle muchos cortes.

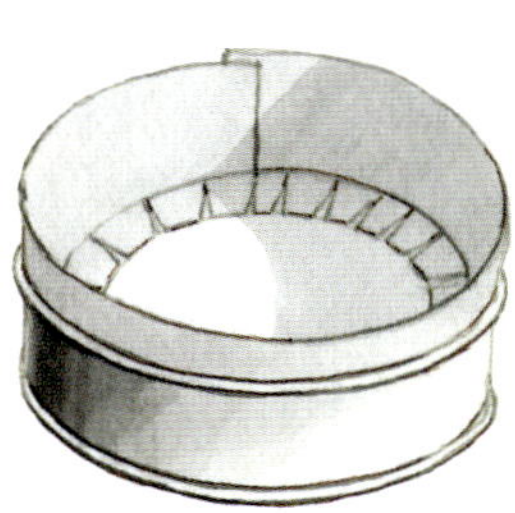

3 Forra el molde por dentro con la tira de papel.

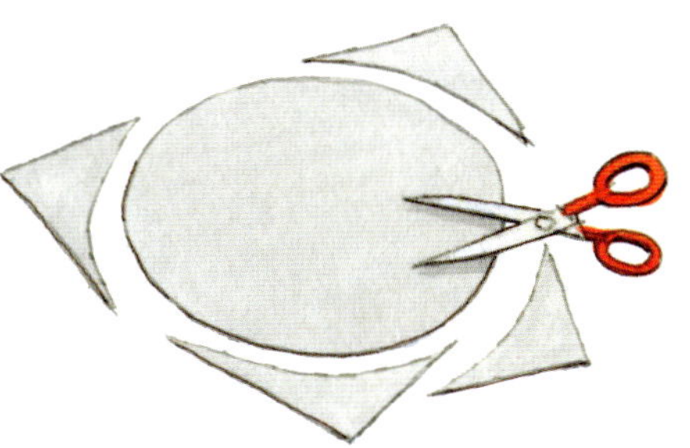

4 Corta un círculo de papel para forrar el fondo.

5 Bate bien los huevos. Ahora lava y seca las cerezas confitadas y córtalas con cuidado por la mitad.

6 Bate la mantequilla y el azúcar en un cuenco grande hasta que quede con la consistencia que tiene una crema ligera.

* No añadas almendras si lo va a consumir alguien con alergia a los frutos secos.

7 Añade los huevos poco a poco. Luego incorpora la levadura y la harina a la mezcla, que debe quedar bastante líquida.

8 Si ha quedado muy espesa, añade un poco de leche. Con una cuchara grande, incorpora todas las pasas, las cerezas, la naranja confitada, la canela, la nuez moscada, una pizca de sal y la almendra molida.

9 Pasa la masa al molde y alísala con una cuchara. Distribuye las almendras peladas por encima.

10 Hornea el bizcocho de 2 a 2 horas y media, hasta que el centro se note esponjoso. Si metes un pincho y sale limpio, está hecho. De lo contrario, hornéalo 10 minutos más y vuelve a pincharlo. Desmóldalo una vez esté frío.

Galletas glaseadas

Ingredientes

Para las galletas:

- 100 g de mantequilla
- 100 g de azúcar moreno
- 1 huevo mediano, batido
- 225 g de harina
- 2 cucharaditas de canela
- una pizca de nuez moscada

Para la cobertura:

- 100 g de azúcar glas
- 1 cucharada de agua tibia
- colorantes alimentarios
- caramelitos (opcionales)

Antes de empezar, pon el horno a calentar a 190 °C (170 °C si tiene ventilador) y engrasa dos bandejas de horno con mantequilla.

1 Bate la mantequilla con el azúcar hasta obtener una crema ligera. Añade el huevo poco a poco sin dejar de remover.

2 Tamiza ahora encima la harina, la nuez moscada y la canela y mezcla todo hasta formar una bola.

3 Espolvorea harina por la mesa y el rodillo. Estira la masa hasta que tenga el grosor de un lápiz.

4 Corta figuritas de masa con varios cortapastas. Vuelve a formar una bola con los recortes, estírala y corta más figuritas.

5 Reparte las figuritas por las bandejas y hornéalas de 12 a 15 minutos, hasta que se doren. Deja que se enfríen.

6 Ahora prepara el glaseado. Tamiza el azúcar glas sobre un cuenco, añade el agua y mezcla bien hasta obtener una pasta líquida.

7 Reparte todo el glaseado entre tres tazas. Reserva una y añade varias gotas de colorante de distintos colores en las otras dos.

8 Cuando las galletas se enfríen, cubre cada una con una cucharada de glaseado y alísalo con un cuchillo.

9 Antes de que el glaseado se solidifique por completo, adórnalo con caramelitos.

Tarta de chocolate

Ingredientes

Para el bizcocho:

- 175 g de chocolate negro
- 175 g de mantequilla a punto pomada
- 175 g de azúcar blanco
- 4 huevos medianos, separadas las claras de las yemas (ver pasos 1 y 2 de la página 23)
- 90 g de almendra* molida
- 90 g de harina

Para la cobertura:

- 75 ml de leche evaporada o nata para cocinar
- 75 g de azúcar
- 100 g de chocolate negro
- 50 g de mantequilla

Antes de empezar, pon el horno a calentar a 180 °C (160 °C si tiene ventilador) y engrasa con mantequilla dos moldes de 20 cm de diámetro.

1 Parte el chocolate en onzas y ponlo a derretir al baño maría dentro de un cuenco. Remueve hasta que esté derretido.

2 Bate la mantequilla con el azúcar hasta obtener una crema ligerita. Sin dejar de remover, echa las yemas, el chocolate y la almendra.

3 Bate las claras a punto de nieve, hasta que se formen picos al alzar las varillas.

4 Incorpora gradualmente y con suavidad tanto las claras a punto de nieve como la harina hasta acabarlas.

5 Reparte la masa entre los dos moldes y luego alísala bien. Mete ambos bizcochos en el horno unos 20 minutos.

* No sirvas esta tarta a personas con alergia a los frutos secos.

6 Prepara ahora la cobertura. Calienta la leche evaporada (o la nata) con el azúcar a fuego lento, sin dejar de remover. Cuando rompa a hervir, déjala cinco minutos.

7 Retira el cazo del fuego y añade el chocolate en onzas. Remueve hasta que se derrita. Añade también la mantequilla y remueve hasta que se derrita.

8 Pasa la cobertura a un cuenco y, cuando se enfríe, métela en el frigorífico. Así será más fácil extenderla sobre el bizcocho.

9 Deja los bizcochos dentro de sus moldes unos minutos y luego desmóldalos antes de pasarlos a una rejilla para que se enfríen del todo.

10 Cuando los bizcochos y la cobertura se hayan enfriado, extiende la mitad de la cobertura sobre un bizcocho, pon el otro encima y extiende la otra mitad por arriba.

Técnicas culinarias

Mezclas

Utiliza una cuchara de madera cuando mezcles ingredientes dentro de un cuenco o un cazo, o para añadir yemas o huevos enteros a una mezcla.

Huevos batidos

Bate los huevos con varillas o un tenedor hasta que se forme una capa de espuma. Si pones un paño húmedo bajo el cuenco, no resbalará.

A punto de nieve

Usa varillas para batir las claras a punto de nieve. Estarán listas cuando se formen picos al levantar las varillas.

Moldes engrasados

Pon aceite o mantequilla en papel de cocina y pásalo por el fondo y las paredes de la fuente o el molde que vayas a usar para cubrirlos de una fina capa de grasa.

Coberturas

Primero extiende una capa de cobertura sobre la tarta. Después, para que quede bien lisa, utiliza un cuchillo romo que hayas mojado antes en agua caliente.

Presentación

Intenta adornar tus tartas y postres. Decóralos, por ejemplo, colocando unas rodajas de naranja o limón por encima antes de servirlos.

Preparación de las verduras

1 Lava bien las verduras con agua fría debajo del grifo. Si tienen arenilla, frótalas con un cepillo que se use únicamente para alimentos.

2 Pela tanto las zanahorias como las patatas grandes. No hace falta que peles las patatas pequeñas; basta con lavarlas bien.

3 Quita las hojas marchitas, los tallos duros, las puntas y las raíces de las hortalizas verdes. Después córtalas en trozos o rodajas.

4 Pon las verduras con agua en una cazuela. Cuécelas a fuego medio con la tapa puesta. Para ver si están hechas por dentro, pínchalas con un cuchillo o un tenedor.

5 Las verduras estarán en su punto cuando estén tiernas, pero aún algo firmes. Una vez listas, escúrrelas con un colador.

6 Procura servir las verduras de inmediato. Añade encima un poco de perejil picado o unas rodajas de limón para decorar y una pizca de sal y pimienta.

Utensilios de cocina

Glosario

ADOBAR — Poner la carne o el pescado en una mezcla de ingredientes para ablandarlos y darles más sabor antes de cocinarlos.

AMASAR — Trabajar una masa con las manos, estirándola y plegándola sobre sí misma varias veces hasta que queda lisa y elástica.

BATIR — Mezclar removiendo enérgicamente con un tenedor, una cuchara de madera o unas varillas.

BATIR A PUNTO DE NIEVE — Batir las claras de huevo hasta que se forman picos al levantar las varillas.

CALENTAR AL BAÑO MARÍA — Calentar el contenido de un recipiente dentro de otro que tiene agua hirviendo.

COCINAR A FUEGO LENTO — Cocinar un alimento con fuego poco intenso de modo que no borbotee.

ENGRASAR — Untar con aceite, mantequilla o margarina el interior de un molde o una fuente de horno para que la comida no se pegue.

FREÍR — Cocinar en aceite o mantequilla caliente.

HERVIR — Cocer en agua hirviendo.

INCORPORAR — Añadir un ingrediente a una mezcla cremosa con una cuchara metálica con cuidado de que la mezcla no pierda todas las burbujas de aire atrapadas dentro.

ROMPER A HERVIR — Empezar a burbujear (un líquido en el fuego).

SEPARAR LAS CLARAS — Separar la clara de la yema de los huevos.

TAMIZAR — Pasar harina o azúcar glas por un tamiz para airearla y eliminar los grumos.

Índice

Manipulación digital: Nick Wakeford